粤雅小丛书 · 第二辑

龙舟
赛龙夺锦

粤雅小丛书编委会
编著

南方日报出版社
NANFANG DAILY PRESS
中国 · 广州

图书在版编目（CIP）数据

龙舟：赛龙夺锦 / 粤雅小丛书编委会编著. — 广州：南方日报出版社，2023.7
（粤雅小丛书. 第二辑）
ISBN 978-7-5491-2705-4

Ⅰ. ①龙… Ⅱ. ①粤… Ⅲ. ①龙舟竞赛 - 文化 - 广东Ⅳ. ①G852.9

中国国家版本馆CIP数据核字(2023)第106885号

LONGZHOU
龙舟：赛龙夺锦

编　　著：粤雅小丛书编委会
出版发行：南方日报出版社
地　　址：广州市广州大道中289号
出 版 人：周山丹
出版统筹：阮清钰
责任编辑：阮清钰　陈　焱
装帧设计：邓晓童
责任校对：朱晓娟
责任技编：王　兰
经　　销：全国新华书店
印　　刷：广州市岭美文化科技有限公司
开　　本：787mm × 1092mm　1/32
印　　张：2.5
字　　数：27千字
版　　次：2023年7月第1版
印　　次：2023年7月第1次印刷
定　　价：25.00元

投稿热线：（020）87360640　　读者热线：（020）87363865
发现印装质量问题，影响阅读，请与承印厂联系调换。

总序

广东是中国非遗大省，源远流长的岭南文化孕育了丰富多彩的非物质文化遗产，其中有粤剧、剪纸等世界级非遗，醒狮、广彩、广绣、玉雕等国家级非遗，以及省级以下种类繁多的各类非遗。每一项非物质文化遗产都凝聚着广东人民的集体智慧，见证着时代的变迁与发展，其创新发展也都汲取了时代的精神营养。

同时，非物质文化遗产也是广东人民与世界交流、沟通与合作的桥梁。在历史上，广东作为海上丝绸之路的重要节点，与世界各地有着密切的经贸和文化往来，不少非物质文化遗产也受到了外来文化的影响，形成了多元融合、中西合璧的特色。

广东省第十三次党代会提出，“要推进岭南文化活化利用，加强醒狮、龙舟、粤绣、剪纸、广彩、陶艺、木雕、玉雕、端砚、凉茶、工夫茶等非遗项目活态传承”，2023年开春的全省高质量发展大会也提出要“传承充满浓浓乡愁的广东城乡、广东文化、广东韵味”。

非遗是岭南文化的精粹，也是凝聚着浓浓乡愁的广东韵味。从历史发展的角度看，保护非遗，可以促进广东人民对自身文化根源和特色的认识和自豪感，增强文化自信和凝聚力，也可以为广东的经济社会发展提供丰富的文化资源和内生动力。从传承创新的角度看，保护非遗，可以激发广东人民的创造精神和创新能力，推动非遗与现代生活、现代科技、现代艺术等相结合，赋予非遗新的时代价值和社会功能。

基于此，“粤雅小丛书”应运而生。本丛书旨在普及岭南非遗艺术，弘扬优秀传统文化，梳理其历史源流和发展脉络及其背后独特的地域文化基因，总结分析其艺术特色及传承发展现状，突出普及性、艺术性，同时注重历史性、文化性，关照创新性、时代性。

希望本丛书能为遍布世界的华人华侨带来文化的滋养和情感的维系，为爱好中华文化的国外读者传播岭南非遗，在阅读中真切感悟到中国精神、中国价值、中国力量。

粤雅小丛书编委会

2023年7月

目录

引言

2021年8月，在东京奥运会皮划艇比赛的现场，四艘中国龙舟作为展示项目，划进海之森水上竞技场进行了表演赛。根据国际惯例，一个新的比赛项目在成为奥运会正式比赛项目之前，首先须经国际奥委会批准进入奥运会表演项目，待下届奥运会时才会被列入正式比赛项目。这次中国龙舟亮相东京奥运会，为“龙舟入奥”划出具有里程碑意义的一桨，象征“龙舟入奥”程序的启动，进一步扩大了赛龙舟这个体育项目的全球影响力。

俗话说“北人赛马，南人竞渡”，作为中国传统民俗娱乐和体育活动的赛龙舟在我国南方地区广泛存在。就地域而言，广东龙舟起步不是最早的，却后来居上，活动规模要比湖南、湖北、江苏、福建、贵州等地更为盛大，传统龙舟文化继承更加全面。

广东省与龙舟相关的省级以上非遗项目多达26项，涉及民俗、传统体育、游艺与杂技项目等类别，其中赛龙舟（与湖南、贵州联合申报）、佛山龙舟说唱和东莞龙舟制作技艺更列入国家级非物质文化遗产推荐项目名单。2022年第24届冬奥会开幕式上，广州市黄埔区非遗项目“龙舟龙头、龙尾制作技艺”传承人张伟潮制作的龙舟头亮相倒计时大屏幕，让观众感受到广东龙舟制作技艺的魅力。在竞技龙舟方面，广东龙舟的竞技水平也一骑绝尘，是各类龙舟赛、全运会、亚运会的常胜将军。由于成绩亮眼，2005

年广东顺德荣获国家体育总局中国龙舟协会授予“全国龙舟之乡”称号。

广东龙舟的长足发展，离不开从古到今广泛而深厚的群众基础，珠江三角洲一带几乎是村村有龙舟，龙舟基因已经存在于当地人的血液里，代代传承，绵延不绝。改革开放后，经济飞速发展，地方政府加大对传统民俗文化的保护和支持力度，社会各界和企业更是积极参与支持，也助力了广东的龙舟运动蓬勃发展。

“氹氹转，菊花园，炒米饼，糯米团。五月初五系龙舟节呀，阿妈叫我去睇龙船。”这首粤方言区的广东人自幼耳熟能详的童谣《氹氹转》，歌咏着岭南水乡几百年来世代相传的龙舟文化。

第一章

龙腾南粤　奋楫不辍

——广东龙舟源流

起源：源远流长　传说悠远

龙舟起源可以追溯到战国时期的《穆天子传》：“天子乘鸟舟、龙舟，浮于大沼。”大意是说天子乘船，船的造型是鸟或龙的形状。战国到先秦时期的《九歌》《山海经》等书中提到，神君的座驾是“龙辀”“水车”，“冰夷人面，乘两龙”，学者们经研究，认为所指就是龙舟。20世纪70年代，长沙出土了战国时期《人物御龙图》帛画，一个男子驾驭一条巨龙飞往天国，巨龙的龙头龙尾高昂，龙身横卧，形状似舟，被认为是我国最早的龙舟图形。

《人物御龙图》帛画白描图

岭南扒龙舟的历史，可以追溯到古南越时代。南越族聚居的地方水系发达，河流纵横交错。《汉书·严助传》说越人“处溪谷之间，篁竹之中，习于水斗，便于用舟”。可见南越人民很早就会造船、驾驶船只，这是龙舟竞渡的基础。

岭南最平坦肥沃的土地当属珠江三角洲，这里河网密布，上百条水道贯通东江、西江、北江三大水系，为北方水路至广州的必经之地，南北水上物流运输的枢纽。“开门见水，举步登舟”是珠三角人民出行的常态。雨量充沛，河流密布，既有交通上的便利，也不可避免带来摧毁田地家园的洪涝灾害。古代农业社会的收成主要靠老天爷赏饭，人们面对旱涝天气无能为力时，就会认为有一种神秘力量在主宰这一切，并怀着强烈的情感愿望，通过某种集体仪式来祈求掌控雨水的神秘力量的庇护。

船纹铜提筒

船纹铜提筒线描图

珠三角地区的水神崇拜文化十分丰富，每个村落根据自己的信仰和生活方式建立庙宇，供奉龙神、河神、天后、龙母、妈祖、北帝等神仙。广州南越王博物院收藏的南越船纹铜提筒，就描绘了南越人祭祀水神的仪式。水神崇拜中至为重要的是龙神崇拜，龙在商周时代已经被视为司水之神。屈大均的《广东新语》有广东人向龙神求雨的记载，《南越志》记载龙江的龙穴山“舜时有五色龙，乘云出入此穴”，可以“出云降雨”。广东流传着许多关于龙的传说，比如说西江和北江是两条龙的化身。还有多地可见的龙母庙，《南越志》《岭表录异》《广东新语》里都有记载原为凡人的龙母因其养子是龙的缘故，被追封为神君，广东一些村落至今有龙母诞，人们扒龙舟为龙母贺寿。扒龙舟祭祀水神，祈求风调雨顺，蚕丰鱼肥的岭南，远比受荆楚文化熏陶、把龙舟竞渡和纪念屈原结合起来的荆楚地区要早。

岭南龙舟竞渡的最早文献记载是唐太宗第八子、越王李贞的诗歌《鼓镇龙潭峡观竞渡》，他在东莞峡山观看竞渡后写道：

峡山晴带霞，峡水倒流花。
方渚停千舫，寒潭浸几家。
飞舟海客渡，急鼓醉人挝。
何处来神女，凌波出水涯。

诗歌不仅描写了龙舟竞渡的激烈场面，还展现了女子划龙舟的英姿，说明在当时女子也能参加龙舟竞渡。五代十国时，南汉高祖刘龑对广州城西的玉液池（西湖路附近）进行疏浚，每年端午“令宫人竞渡其间”。北宋名臣、曲江（今韶关市）人余靖在《端午日事》中写道：“江上何人吊屈原，但闻风俗彩舟轻。空斋无事同儿戏，学系朱丝辟五兵。”这首诗描述了宋代端午节时，人们有划龙舟纪念屈原的风俗，以及系朱丝辟五兵（“五兵”指五种兵器，代指战

佛山龙潭村龙母诞暨水乡节期间，龙舟划手在河道上互相泼水，以此祈福

佛山盐步老龙过来广州荔枝湾涌“探契”

乱）的习惯。

广东的龙舟竞渡并不都是在端午期间举行，例如南宋文天祥的《元夕》有句云：“南海观元夕，兹游古未曾。人间大竞渡，水上小烧灯。”诗中所述就是南海县正月十五日举行龙舟竞渡的情形。佛山三水竹山村三月三赛龙舟过村节的风俗，至今还保留着。只不过广东大部分地区的龙舟竞渡，主要集中在农历的四月和五月。因为这两个月份正是早稻扬花、果树吐芳的关键时期，但也是天气最变化多端的季节，暴雨飓风常突然袭击，“龙舟水”冲毁田地和家园，因此人们需要通过龙舟竞渡来祭祀水神，祈祷风调雨顺、安居乐业。

明清时期是古代岭南龙舟竞渡的鼎盛时期，龙舟活动已经遍布广东各州各县，岭南水乡各地区县志中都有大量记载，其中以珠江三角洲最为盛行，粤东、粤西、粤北部分靠江河湖海的地区也流行扒龙舟。如《顺德县志·梁元柱传》记录“顺德端午斗龙船，村村皆然。”康熙《开平县志》之《风俗志》节序曰：“江浒设龙舟竞渡，往观者多于江上盥浴。”乾隆《鹤山县志》卷一《舆地志·风俗》：“至五日各书朱符佩之，集观竞渡。”乡镇多竞渡，省城多巡游。有一个清同治时期的广彩瓷盘《扒龙舟》，盘面绘有两艘龙舟，装饰华丽，龙头龙尾、罗伞旗帜、鼓手扒丁一应俱全，在珠江上游弋，展示了珠江上彩龙巡游的盛景。目前全国最长寿的龙舟是诞生于明朝宣德年间的广东佛山南海盐步老龙，距今已经有五百多年历史了。

屈大均在《广东新语》中专门用了一章

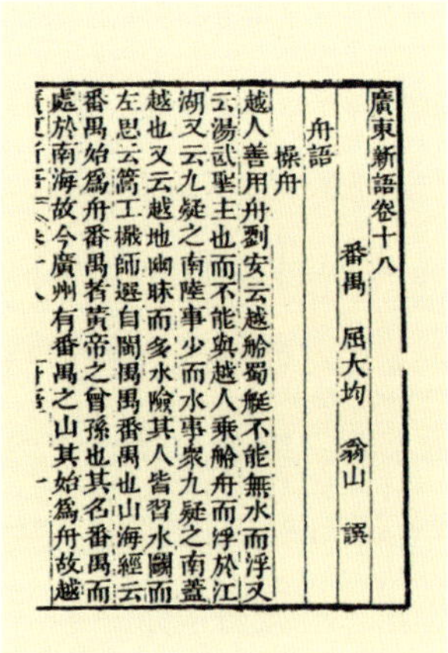
廣東新語卷十八
番禺　屈大均　翁山　譔
舟語
操舟
越人善用舟劉安云越舲蜀艇不能無水而浮又云湯武聖主也而不能與越人乘舲舟而浮於江湖又云九疑之南陸事少而水事衆九疑之南蓋越也又云越地幽昧而多水險其人皆習水鬬而左思云篙工楫師選自閩禺禺番禺也山海經云番禺始爲舟番禺者黃帝之曾孫也其名番禺而處於南海故今廣州有番禺之山其始爲舟故越

《广东新语·舟语》中描述了龙船

《舟语》来介绍广东的舟船，说“越地幽昧而多水险”，故“其人皆习水斗”“善操舟”“善用舟”，并着重描摹龙舟竞渡活动，竞渡获胜的龙舟队会“广召亲朋燕乐”，因为民间认为获胜者的村落或宗族一定会“年丰人乐，贸易以饶”。由于龙舟竞渡是水上活动，存在一定风险，水性不好者容易溺水，为了夺冠而竞争械斗也造成不少人员伤亡，所以清代广东官府多次明令禁止竞渡，民国时期广州政府只允许游龙，还派警力维持秩序。但即使这样，民众对龙舟运动的热情已经流淌在血液中，民国《增城县志》说，每到五月，村村备龙舟竞渡，“然亦时闻酿斗遭溺之事，有司禁制，终不能止”。

传承：凝心聚力　乘风破浪

龙舟竞渡之所以在广东具有深厚的群众基础，与它团队合作的特点分不开，龙舟竞渡是一个需要同村团队合作、共同拼搏进取的活动项目，最能够凝聚力量、团结人心，传递宗族价值观念。

每次龙舟赛都是一场全村人的盛宴，负责组织龙舟活动的龙舟会，起初是以宗族为单位，后来慢慢变成以村落为单位，成员一般由村里有名望的长者、村干部和热心人士组成，龙舟会负责每次龙舟活动中的人、财、事的决策与管理，包括后勤、器械、筹款和各类习俗活动事宜安排等。成员做这些事情完全出于自愿，因为这是一件脸上有光的事情。

由于赛龙舟代表了消灾、避邪、祈福，村民们每年都会积极捐款，参与竞投龙舟相关物品。而且有不成文的规定，每一年的捐款数要比前一年略多，预示日子越过越好。游龙的时候，据说坐过龙头的孩子会又聪明又懂事，老人则会越老越精神，所以龙头龙尾是竞投的热门。此外与龙舟相关的物品，如令旗、扒丁衣服、获胜的金猪等奖品、龙船饭等，因为代表着祈福吉祥，所以也倍受村民的追捧。

广东龙舟还有结契的传统。结契就是各村的龙舟结为兄弟，成员从两三个到数十个不等。旧时结契目的是联合不同地域和血缘的乡民，相互守望，抵御强盗流匪，现在更多是为了结交朋友，让龙舟活动更加热闹。最出名的结契要属南海盐步龙舟和邻居广州泮塘龙舟，交情长达几百年，从未间断。各龙舟在探亲趁景活动中，如果遇到结契的龙舟，双方锣鼓手还要密集敲锣，互划三个来回示意。

新中国成立后，因战乱而沉寂良久的传

2016年6月，广州猎德村的龙船趁景热闹场面

统龙舟活动重新恢复，但因经济困难，间隔几年才举行一次。“文革”时期龙舟被当作“四旧”封禁，许多村的龙舟被毁。改革开放后，借助政策的东风，龙舟竞渡等民俗娱乐体育活

动复苏，但更为欣欣向荣的是龙舟竞技。

1983年，香港顺德联谊会向顺德政府发出参加第八届国际龙舟赛和“市政杯”赛的邀请，顺德体委花三天时间从几百个青壮年农民中挑选出24人，组成新中国成立后第一支县级龙舟队，经过不到一个月的集训便赴香港参赛，一举拿下了第八届国际龙舟赛和“市政杯”赛的两项冠军，冲刺时比美国专业队快了大半个船身。1984年，国家体委宣布龙舟成为一项正式体育比赛项目。1994年，国家体育总局社会体育指导中心成立，开始有计划大规模地推广全国性的龙舟竞技，广东各地龙舟队陆续与企业联合，走职业化道路，成为各大龙舟赛事的夺冠热门。2005年，龙舟成为东亚运动会正式比赛项目，顺德乐从龙舟队勇夺2金1银1铜的佳绩。2018年，龙舟正式列入亚运会比赛项目，以佛山运动员为主要班底的中国男子龙舟队和女子龙舟队双双夺冠。

2018年8月，在印尼巨港举行的第18届亚运会男子200米龙舟竞速赛中，中国队获得金牌

而传统龙舟竞渡在改革开放后发展缓慢，举步维艰。随着沿海地区现代工业的迅速发展，农村日益城市化，工业排污造成内涌淤堵，外河污染严重。陆路交通发展迅速，水运交通没落，许多内涌被填埋，密布的水网遭到破坏，一些龙舟无涌可划。此外随着越来越多年轻男丁外出打工，龙舟扒丁不足问题严重。

如何兼顾农村现代化进程和传承传统龙舟文化是一个极大的挑战。

幸运的是广东省政府充分认识到非遗保护工作的重要性，积极担当起新时代赋予的文化使命，赓续文化传统，开展对非遗项目的保护。广东多地的龙舟先后入选省级、市级非遗代表性项目，鼓励了经验丰富的龙舟制作人，培养了一大批热心龙舟文化的新生力量。

2022年，广州市出台了加强对非物质文化遗产进行保护的方案，大幅提高传承人的补助标准，给非遗展示场所优惠租赁费用。各地龙舟竞渡为了适应时代变迁，也纷纷创新传承方式。比如佛山地区龙舟竞渡的时间从五月初调整到假期更长的国庆，吸引更多外出打工的村民回乡参与活动。为了与现代快节奏的生活相适应，古老民俗中部分相对繁琐的祭祀仪式被简化。龙舟“采青”仪式按照传统会挑黄道吉日进行，但现在为培养孩子们对龙舟的兴趣和传承龙舟文化的责任感，则会选择在孩子们放假的周末进行。

佛山市里水镇“梦里水乡”景区的龙舟

每一条龙舟就是一个村子的神灵，传统龙舟竞渡展示的是凝聚力量、热爱家园的精神，讲究一个“情”字。龙舟竞技则属于现代体育竞技范畴，追求速度，讲究一个“快”字。二者一花两叶，相互影响，相互促进。对于真正热爱龙舟的人来说，方式如何并不重要，就像南海叠滘村七十多岁还在扒龙舟的一位长者说的那样：“只要能坐在船上就行。”

第二章

百舸争流　楫动飞舟

——水乡竞技盛事

作为一种祭祀祈福活动，龙船竞渡有一套完整的程序和神秘的礼仪，通过这些繁复的仪式，龙舟被授予神圣的身份，负起去邪祟、禳灾祸、庇佑乡民的使命。这些仪式越繁琐，需要的人手就越多，合作面就越大。在农业社会里，这个合作跨越宗族、村落和血缘，构成一个新的社交网络。

广东各地龙舟习俗的程序和仪式基本相似，包括起龙、采青、招景、探亲迎龙、龙船盛会、洗（喝）龙舟水、吃龙舟饭、散龙和藏龙等，每一项都有蕴意和讲究，彰显传承千年的水乡魅力。

2018年5月，广州市郊的村民在祭拜仪式后，跳入水中，掏出龙船舱内的泥沙，合力摇松船底泥浆，龙船逐渐浮出水面

起龙：祭神祈福 保佑平安

粤语中“起”和“喜”同音，起龙是一年龙舟活动的开端，大多在农历四月上旬进行。黄道吉日当天，全村人都要早起，把龙头、龙尾和龙船锣鼓从社庙里取出来，村里

六条龙舟在佛山高明河上同台竞技，奋勇争先

百龙腾高明

有威望的长者负责操持拜神仪式，祈求起龙顺利。到了吉时，村里的青壮年跳进水里，合力把龙舟起出水面。这个过程中锣鼓鞭炮需要不停响，岸边的村民还要给参与起龙舟的壮汉发龙船饼，预祝好运。

起上来的龙舟被清洗干净后，就要进行晾干、整修、涂抹猪油和装饰。赛龙只需配备龙牌和龙舟鼓，游龙则需要装上龙牌、罗伞、锣鼓、旗帜和其他装饰。装饰好的龙舟在下水前还有仪式，新旧龙舟仪式不同。旧龙舟是选择一个吉日，由长者带领参与龙舟活动的青壮年到宗祠或者社庙烧香烛，放鞭炮，祈求龙舟赛获胜，村子人丁兴旺。龙舟入水后，扒丁们再划船绕村游龙。而新龙舟制好后回村，旧的龙舟和阿契要去村口迎接，所有龙舟的扒丁拿着龙头、龙尾、龙牌到社庙中烧香拜祭，再请法师为龙头点睛，进行“开眼”和祈福。新龙舟下水也要绕村

广州车陂村龙舟传人在村里举行龙舟采青仪式

巡游，叫“游地头”，意思是熟悉新家并保佑这个村庄旺丁旺财。

采青意味着龙舟节正式开始。龙舟沉睡一年，要吃点新鲜的东西才能恢复精神。采青就是把柚子叶、龙眼叶、石榴果和松柏枝放进龙的嘴巴里，龙舟才算正式醒过来，精神抖擞。旧时采青仪式中，女性、外村人不能参加，老婆怀孕或者家里小孩刚出生的男子也不能参加，因为据说两种喜事会冲撞。

2018年6月，广州猎德村龙舟招景活动吸引数万人围观

现在禁忌相对宽松，唯独外村人不能参加这个传统还被保留，突出了采青的神秘性。

“招景”“应景”和“趁景”统称“龙舟景”，是龙舟活动里最热闹的民间风俗。每年农历五月初一开始，各村就会挑选合适的汇聚地点，邀请相邻村落、兄弟契友一起探访、交流、联谊，时间长达半个月。汇聚的地点就叫“景”，发出通知和邀请叫“招景”，招景方在端午前一个月就开始准备龙船帖，用毛笔在红纸上写何时何地邀请契友、龙舟队伍来参加活动。“应景”就是接受邀请，当天如约派出本村龙船前去探访的叫“趁景”。招景不是哪个村落都可以举办的，清末番禺衙门就针对招景村落制定一些标准：负责招景的乡村要有一定经济实力（能够保障饮食）、河涌要有一定的长度宽度（可以容纳足够多的龙舟），以及有维护秩序的威望和能力。

龙船帖发出去后，在龙舟盛会开始前3到5天，各村落开始访阿契探亲，有新龙舟的村落更专门到契兄弟那里认门。新龙舟一路敲锣打鼓，契兄弟的龙舟则在村口迎接，敲锣打鼓以示欢迎。来访的龙舟要把龙头龙尾卸下抬到主人村的祠堂或社庙祭拜，主人村的长者派发红包，赠送米酒，共同祈求国泰民安、乡邻和睦，然后大家一起吃饼叙旧。访阿契的龙舟要回去，主人家就要“送阿契”。主人龙舟把阿契龙舟送出村中河涌，阿契回头又返送主人，一来一回，往返多次，体现出兄弟情深。有些地方送阿契要送到凌晨甚至天亮，主人把龙舟打横阻止阿契再送，这个相送才算结束，大家各自散去，明年再相见。

盛会：彩龙竞艳　赛龙斗标

龙舟盛会是整个龙舟活动观赏性最强的环节，主要分为彩龙竞艳和赛龙斗标两种形式。招景的主人村落发出龙船帖后，应邀者按约定赴会，只做龙船装饰和技巧表演展示的叫“趁景”，参加赛龙争夺名次的叫“斗标”。

彩龙竞艳竞的是“靓”，参加展示的龙船都制作豪华，以夺人眼球为己任。据《广东新语》记载，清代番禺大洲村的彩龙长三十几米，扒丁皆穿红色盔甲，彩龙上搭了两层台阁，下垂锦幔，有童子八十余人，打扮成神仙、菩萨、英雄、名臣，拿着法具、武器、书策在台阁上表演各类杂剧，场面恢弘，热闹非凡。岸上观者以为是专业的表演，其实是由锦幔里的人操纵的傀儡戏。一条豪华的彩龙上，罗伞、铜锣、船头旗、帅旗、船尾旗这些传统装饰皆备，罗伞和帅旗色彩鲜艳，上面绣着云龙、凤鸟、狮子、八仙、牡丹等吉祥图案。此外还会有许多别出心裁的设计。比如结合

佛山大江村的彩龙

其他传统民俗活动，增加飘色、舞龙、舞狮、打太极、十番等表演，还有罗伞手、旗手、锣鼓手在狭窄龙船上进行摇龙头、转罗伞、掌龙尾等技艺表演。

在彩龙界享有盛誉的佛山大江村的冯氏彩龙有三百多年历史，2015年“大江龙舟习俗”被列入佛山市非物质文化遗产。冯氏彩龙总长22.8米，宽1.38米，最多可以容纳扒丁、鼓锣手、泼水、挥旗、罗伞手等68人，巡游时可走不同的行进路线，包括直线巡游、“之”字形嬉戏行进、转圈表演和“一进一退”或“三进三退”，并向人群敬礼。挥旗手挥舞大旗，两左两右，交叉变换，增强动感。罗伞手左手抓罗伞，右手执羽扇，在狭窄的船上闲庭信步，博得岸上观众热烈喝彩。

比起彩龙竞艳的旖旎多姿，竞渡赛龙则朴实得多，拼的是速度。按大小分，有赛龙

广州番禺区第17届莲花杯龙舟赛的热闹场景

船和赛龙艇两种。龙船体形大、船身重，可容纳20余人，装饰龙头、龙尾，中间配备铜锣、大鼓等。龙艇体形轻巧窄小，没有任何装饰，一般用于持续时间长、路程远的赛事，按等级不同，龙艇还可细分为“三桡”“五桡”和“十三桡”等多种规格。竞渡龙舟按长度分，有小五人龙、标准龙、中龙、传统长龙等。

赛龙斗标一般有三个环节：放龙、竞渡和抢标。放龙就是开始比赛，各地放龙的方式很多，现在则是排成一横排，前面拉红绸带或彩色气球。竞渡环节紧张激烈。扒龙舟是“听鼓下桡”，初期的鼓声比较均衡，船疾而稳。到了赛程过半，鼓手开始加快节奏，鼓槌高举重落，鼓声响而急，舵手把稳方向，扒丁们手、腰、脚同时发力，配合急促的鼓点，发出怒吼的号子声，拼命用力划，岸上观者只见一支支龙舟箭般划过水面，激动人心。抢标是指争夺在比赛终点设的奖品，比如鱼标、鸡鸭标，还有把钱用锦带系好挂在彩旗上的锦标。龙舟一抵达终点，标手们迅速跳下水去抢标，场面欢乐有趣，有利于缓解刚刚

2019年6月，广州荔湾湖公园举办年度“五月五·龙船鼓”系列活动，有秀龙、斗龙、舞龙等精彩表演

竞渡时紧张的神经。现代龙舟赛，特别设了标部（奖品区），展示获胜者的奖品，有金猪、罗伞、美酒、高标等等，这也是主办方经济实力雄厚的展现。

收官：洗水吃饭　散龙藏龙

广东大部分地区自古都有洗（喝）龙船水的风俗，人们认为龙舟作为神祇的象征，其游弋过的水域都带有灵气。观众在龙舟赛结束后，会跳到龙船划过的河中洗澡或在河涌边洗脸，这叫“洗龙船水”，目的是沾一沾龙舟的灵气，去除身体的晦气。据说小孩在端午当天洗过龙船水，可以驱邪避秽，身体健康，所以当天玩水就算浑身湿透，回家也不会挨骂。

龙船饭又叫“龙舟饭”，贯穿整个龙舟活动的始终。从起龙到最后藏龙的整个过

程，都有大大小小的龙船饭。比如起龙前，龙船会的成员聚在一起商议龙舟活动的筹办，慰问为取得好成绩刻苦训练的扒丁，

广州番禺区新造镇曾边村大设338席“龙舟酬神”宴（俗称“龙舟饭”）

村里人都会送去龙船饭犒劳。当然，最丰盛的龙船饭是在龙舟盛会的当天中午或者晚上，这次吃饭的人数最多，包括全村男女老少、兄弟契友和外来客人，人数常达数百人甚至上千人，近些年珠三角各地还多次举办过“万人龙舟宴”。

龙船饭的菜式丰俭由人，最初为了扒丁吃饱有力气扒龙舟，家家户户提供大米、腊肉和菜干焖成一锅饭。随着经济发展，菜式也越来越多样化，鸡、鸭、鹅、猪、牛、羊都是桌上常客，但每次必有“榄角烧肉”，寓意“榄角榄角，出头露角”。龙船饭的重点不是吃，而是相聚和团圆，这是同村村民、亲朋好友欢

聚一堂的温馨时刻，是浓厚亲情友情的象征。吃龙船饭这一天，外地的本村人，甚至香港、澳门、海外的亲戚都会想办法赶回来，大家相信，吃过这一顿龙船饭，老人会身体健康，大人会龙精虎猛，小孩会聪明伶俐，全村一年万事顺利、五谷丰登。

吃完龙船饭，便到了散龙和藏龙的时候。龙头和龙尾、龙舟装饰被放回祠堂或村庙里，龙船则根据木材材质进行藏龙，坤甸木龙船要埋藏在淤泥里才不会干燥开裂，杉木龙船则放在阴凉干燥通风的房子里就可以。藏龙的日子也必须经过挑选，当天先备上鞭炮、香烛到庙宇拜神，再把龙船停到藏龙的地点，拔掉龙船底部的塞子，水慢慢进入龙船后，龙船沉入水底。燃放鞭炮还神后，人群散去，藏在水里的龙船，静静被淤泥滋养，等待第二年再次起龙出水，飞桨激浪。

第三章

风格多样　岭南特色

——广东龙舟文化

广东龙舟的产生与发展，融合了岭南的地理条件和风土人情，由此衍生的各种手工艺制作和文化习俗，颇为丰富多彩。

工艺：匠心守艺　步步精细

龙舟制造是一个古老复杂的手工技艺。首先是龙舟的木材选择严格，尤其是大型龙舟的制作，对树木长度、直径和笔直程度都有很高要求，整条原木需没有瑕疵裂缝。龙舟以前主要用坤甸木，船身比较重，后来为了提高竞赛速度，赛船主要用质量轻、耐水

东莞市中堂镇龙舟非遗传承基地

性强的杉木。

龙舟制造流程有十几道，首先是做底骨，就是龙的脊柱，它决定着整艘船的稳定性和拉扯力，是龙船的基本支撑。接着是起底，钉蝴蝶钉，起龙底，起水，把底骨固定到龙桩上，弯成流线型。然后用水平仪定位底骨中线，平衡龙底，安装底部的挡水板和两侧的挡水板。接下来是制作与龙骨垂直的横挡，和龙骨一起构成扒丁坐板的骨架。还要装上与坐板十字交叉的木板（龙筋），调节龙舟的柔韧性和灵活性。最后是整艘船的打磨上漆，此时龙舟主体部分才算完成。木板之间的拼贴靠人工凿出咬口，形成榫卯结构，再捶打组合，直至缝隙之间一根头发也放不进去才算过关。十几道工序，每一道都直接影响龙舟的性能和速度，必须步步小心谨慎。

龙船皆为定制品，制作只能依靠平时经验积累。熟悉本地水道的师傅，还会根据水道情况对龙舟进行改良，让船身适应弯道，速度更快。龙舟制造和龙舟比赛相互成就，龙舟如果在比赛中夺冠，制造师傅也会跟着扬名，得到各村落明星般的追捧。

龙舟另一个复杂工艺是龙头龙尾制造。龙头龙尾需要选用上等的樟木或者檀木，经历画图、雕刻、成型、打磨、喷漆、装饰等十多道工序。广东龙舟龙头的外形基本是张

龙舟制作技艺传承人张伟潮在给龙头上漆

口见舌，舌头上有滚动的龙珠，鹿角挺立，眼睛圆睁。龙须颜色根据各村社庙敬奉的神祇胡须颜色来定。供奉北帝的是黑胡须，供奉龙母的就没有胡须，供奉华光大帝的就是白胡须。其中白胡须是长者象征，只有老龙才能使用。

龙头和龙尾被尊为龙舟的“灵魂”，平日放在祠堂供奉。龙头外形特点基本相同，但厉害的龙头制作师傅，会把村子的历史文化元素融合进龙头的细节制作，做出独特的、绝无仅有的龙头。张伟潮是广州市黄埔区非物质文化遗产项目“龙舟龙头、龙尾制作技艺”的传承人，他每次接到订单，会尽快去村子实地考察，了解村子的历史文化、村民对龙头的期望等。龙头的用途不同，表情也不同：探亲用的龙头，是温和慈祥、面带微笑的；比赛的龙头，则更加精神抖擞、凶猛威武。车陂新涌口村多从事渔业，他便设计了一个“瞪眉、突眼、青鼻、獠牙、突耳”的威武龙头，有震慑“水怪”的寓意。张伟潮说，一个龙舟龙头可以使用几十年甚至上百年，承载着本村人的文化记忆，全村人参与制作，对龙头会更加珍惜，更有感情。

衍生：美食丰富　音乐缤纷

广东龙舟衍生出的习俗和文化活动，也非常缤纷多彩。除了上面提到过的洗龙船水、吃龙船饭，还有各种龙舟美食，包括龙

端午节粽子

《赛龙夺锦》唱片

船饼、端午粽。龙船饼主要由核桃酥、鸡蛋糕、白绫酥饼、红绫酥饼等传统广式糕点组成，方便携带，不易变质，旧时桡手们随身带着补充体力。各村落到了龙舟节也会备好龙船饼给前来探亲的阿契们食用，小小糕点成为情感交流的纽带。端午粽虽然全国各地都有，但广东的咸肉粽别具风味，品类众多。除了常见的五花肉、咸蛋黄、虾仁、瑶柱等材料，潮汕地区还有半甜半咸组合的双烹粽，肇庆有用本地冬叶包裹如婴儿枕头大小的裹蒸粽等。

紧张热闹的龙舟竞渡也启发了广东音乐的创作灵感。《赛龙夺锦》就是民国时期番禺沙湾音乐家何柳堂改编琵琶曲创作的龙舟主题曲，描述了龙舟竞渡、勇夺锦标的欢腾热闹场面。音乐在原来琵琶、扬琴为主奏乐器的基础上，添加了唢呐和锣鼓等打击乐，生动形象地展示了龙舟竞渡开始时的精神抖

佛山逢简水乡桥头上的龙舟说唱表演

擞，你追我赶时的全力以赴、奋勇争先，以及比赛结束后夺锦欢呼、洋洋自得的欢乐场面。

另有一种与龙舟活动相关的民间文艺表演是龙舟说唱，又叫“龙舟歌”，起源于清代乾隆年间的珠三角地区。旧时卖唱的艺人会手持木雕龙舟，胸前挂着小鼓和小锣，在重大节日或各种喜庆场合里走街串巷，边唱边敲。由于龙舟歌腔调简朴流畅，内容丰富，蕴含着大量的民俗信息，粤剧也吸收其唱腔为演唱的特点。2006年，龙舟说唱还列入了第一批国家级非物质文化遗产代表性项目名录。

文化：地方习俗　各具风采

龙舟因为水域位置和文化习俗存在差异，广东不同地方的龙舟竞赛方式也各具特色，构成了多姿多彩的龙舟竞渡景观。

南海叠滘：弯道飘移

叠滘自古有“九龙入洞”之称，九条河涌从不同地方引水入叠滘内，水网延绵20多公里，最独特的是自然形成的狭窄曲折的弯道（最窄处不过三四米，平均宽度不超过6米），衍生出中国唯一的龙船弯道竞速比赛。每年从五月初五到初八，叠滘都会

参加叠滘东胜杯龙舟赛的龙舟在狭窄的S形河道上演漂移大战

举办为期4天的龙船弯道竞速赛。根据赛道形状的不同，分为东胜（S形）、潭头（C形）、圣堂（L形）、茶基（直道）四个赛区。每一支龙船折返行驶，以最快的速度漂移避开各种障碍抵达终点者获胜。弯道惊险刺激，一只船的船头船尾有两到三个舵手，凭经验预判河涌情况、入弯出弯的角度，全队人节奏高度一致，稍有不慎，便可能翻船。比赛一来一回大约只有两三分钟，却凝聚了队员们惊人的勇气和胆魄。叠滘赛场上有这么一句话：宁可“煲”烂，不准扒慢。

“煲”龙船，就是撞龙船。对于叠滘人来说，扒龙舟一定是要拼尽全力的。哪怕翻船也会继续起来划，不论输赢，论的是永不放弃的体育精神。

东莞龙舟：龙舟月

东莞赛龙舟按月计，称作龙舟月，自

农历五月是东莞的龙舟月，根据潮汐的变化，各镇街轮流举办龙舟竞渡

古便有。据《东莞县志》记载，龙舟活动从五月朔（初一）至望（十五），“竞渡最盛”，“日暮管弦未歇，鼓镇内为巨观”。这个传统保留至今，每年农历五月初一，东莞市水乡片及东江沿岸万江、中堂、沙田、麻涌、望牛墩等10多个镇（街），都会结合潮汐大小确定本村龙舟景观的日子，分为“设标的”的龙舟竞渡和“不设标的”的龙舟趁景。到了该月，万人空巷，龙舟队争相竞赛，是东莞地区最具有影响力、参加人数最多的传统文化活动之一。政府部门还会结合龙舟月，举办一系列非遗展示、美食节、民俗展览和音乐会等与龙舟相关的文化活动，让群众尤其是年轻一代加深对传统文化的了解。

广州车陂：龙舟景

广州车陂村的龙舟文化历史悠久，村内

车陂村的“龙舟景”活动

有56艘三四十米长的传统龙船，为全国乡村之最。每年五月初三的车陂龙船景影响深远，它完整地保留了传统的起龙、采青、赛龙、招景、探亲迎龙、趁景、斗标等环节和吃龙船饭、龙舟饼等活动，有“未踏车陂龙舟地，莫提睇过龙舟景”的美誉。车陂涌有长达八百多米的直河道，其最窄处宽仅三十多米宽。车陂村也是广州天河区最大的城中村，九大姓世代居住至今，宗祠众多，人丁兴旺，在清朝乾隆年间就是官方指定举办“龙舟景”的大村之一。“招景”日，来自各区不同村的200余条龙舟会于车陂，锣鼓声、鞭炮声，响彻云霄，龙舟在鞭炮的烟雾中若隐若现，吸引无数观众和摄影发烧友的目光。在扒龙舟期间，村文化广场还会上演粤剧、粤曲表演，延续着“车陂又有龙船又有戏”的传统。“车陂扒龙舟”在2017年被正式列为广州市非物质文化遗产项目。

饶平所城：“游旱龙”

潮州市饶平县游旱龙的活动始于明朝，2015年入选省级非物质文化遗产项目。因为大所城村内无河溪，港口浪大，不宜划龙舟。当地人便用竹片和竹篾作骨架，用厚纸板扎制和彩色纸黏糊成大龙

饶平县所城镇“游旱龙”活动中的粉红色独角龙舟

舟，在船里插上五彩旗帜和装载绣球，在端午节期间开展陆地“游旱龙”活动，从农历五月初一至初六共六天。旱龙舟的颜色依次为粉、赤、青、紫、红和黄，分别代表了六家庙社供奉的神明。初五这天的游龙最热闹，各家各户会携香祷告，祈求妈祖为民消灾解难、保佑平安。

湛江特色：海上龙舟

广东龙舟竞渡多在江河湖泊进行，而湛江临海，海岸线长，举办海上赛龙舟的历史已有四百多年，每年端午，吴川、雷州、廉江、遂溪、赤坎等地都有举办赛龙舟的风俗，吸引了成千上万的市民前往观看。比赛时候，海里百舸争渡，船桨飞舞，锣鼓喧

湛江海上国际龙舟邀请赛500米直道竞速

天，观众为看得真切，站立的位置从岸上向海里挪动，有的观众还会在比赛间隙在海里畅游，既能体验竞技的速度感，又感受碧海蓝天的壮阔。目前海上赛龙舟已经被纳入湛江非物质文化遗产项目。

顺德黄连："龙虱"赛

常规龙舟赛都是团队合作，而顺德黄连的龙舟个人赛却以个人为主，显得非常特别。这种比赛因为船小人单，在当地被称为"龙虱"个人赛。"龙虱"船仅可容纳一人，非常考验个人的能力和耐力，必须技术过硬才能保证不翻船，还要耐得住寂寞才能划到终点。龙虱船源自制作香云纱原料的椭圆形木桶，黄连村民在七十多年前香云纱产业蓬勃发展时，闲暇为了娱乐，用木桶当龙舟比赛。后来村民把木桶改造，增加了脚踏板、连接船尾的转向拨

顺德黄连村的“龙虱”小龙舟，仅容一人

片，转变为“一人龙舟”的造型。黄连每年都会举办龙虱竞渡比赛，参加者众，不论大人小孩都乐在其中，场面不大而颇为热闹。

纽带：以龙会友　助力发展

广东的龙舟队在龙舟文化传播和交流方面作出了很重要的贡献。由于地理位置优越，改革开放后，广东龙舟队成为最早走出国门参加比赛的龙舟队。1983年，广东顺德男子龙舟队获邀赴香港参加国际龙舟邀请赛，勇夺两项第一，成为岭南龙舟运动走向国际化的先锋。此后，东莞、九江等地的龙舟队也相继走出国门参与国际比赛。1999年至2006年，九江龙舟队连续在七届香港国际龙舟邀请赛上获得冠军。顺德乐从龙舟队更被视作“准国家队”，在历届亚洲龙舟锦标赛和东亚会上屡屡斩获金牌，是国内外赛事的“长胜之师”。在2022年11月第14届亚洲龙舟锦标赛上，乐从龙舟队勇夺三金三银。2006年成立的九江女子龙舟队也是巾帼不让须眉，曾14次代表国家出征世锦赛、亚锦赛、东亚运动会、世界杯等国际赛事龙舟项目比赛，在2022年6月首届世界龙舟联赛（福州站）决赛上。一举斩获公开组12人龙舟200米、500米直道竞速赛两枚金牌、两枚银牌。龙舟队出征海外，也让世界更多地了解中国，了解广东，了解广东的龙舟文化。

2009年1月，时任国家体育总局副局长冯建中在“中华传统体育文化传承与国家软实力建设”高峰论坛上致辞，强调龙舟运动是一个传统的体育竞技项目，其象征意义和运动精神非常重要，要将这项运动推向全世界。广东各地多次举办国际龙舟邀请赛，

香港柴湾渔民举办龙舟竞赛，喜迎端午节

以龙会友，招商引资，龙舟成为联系外界的纽带。近十年来，广东就举办过2010年广州亚运会龙舟比赛、2011年广州世界龙舟邀请赛、2013年深圳第二十二届亚洲龙舟锦标赛、2014年深圳国际龙舟邀请赛、2016年广州国际龙舟邀请赛、 2017年珠海世界龙舟锦标赛、2018年广州世界龙舟邀

加拿大多伦多在2016年6月举办国际龙舟节，参赛者在奋力划桨

请赛、2019年珠海国际龙舟邀请赛、2019年广东湛江世界龙舟锦标赛和2021年广东佛山国际龙舟邀请赛等等。由于广东侨乡众多，每次举办龙舟赛事，都会吸引大量的港

澳同胞、海外华侨华人参观和参加。举办这些国际赛事，可以更多地吸引国际观众和媒体的关注，提升龙舟运动的知名度和影响力，推动龙舟运动的普及和发展，对宣传广

东龙舟文化起到了重要的作用。

龙舟运动在多个方面都有积极的作用，如弘扬爱国主义、启发历史文化研究、营造节日气氛、展示强健体魄、增进友谊团结等。同时龙舟运动也与奥林匹克精神高度契合，强调团队合作和顽强拼搏的精神来克服困难，体现了奥林匹克精神的核心价值观。现在龙舟运动已经成为一项世界性运动，目前全球有60多个国家开展龙舟运动。随着龙舟入奥工作的启动，龙舟这项中国传统的民俗体育运动，将以其独特魅力在世界各地蓬勃发展。

后记

采中原之精粹，纳四海之新风，岭南文化孕育了繁花似锦的各类非遗。2021年，我们策划出版了“粤雅小丛书”第一辑，包括广东剪纸、香云纱、茅龙笔、广彩等，并积极推动其“走出去”，2022年，“粤雅小丛书”在海外发行了英文版，收到了良好的传播效果。

今年我们再度推出“粤雅小丛书”第二辑，选取当下极具岭南个性活力和创新精神、且素为普罗大众喜闻乐见的五种非遗——醒狮、龙舟、南拳、广绣、玉雕。在此感谢为本辑提供图片的机构及个人：南方日报图库、视觉中国、图虫网、汇图网、fotoe图片库；南越王博物院、广州十三行博物馆、新会蔡李佛始祖拳会；欧蕊荣、刘国鹏等。

岭南非遗是一座富矿，是广东文化、广东韵味之凝聚，未来我们将继续深挖此富矿，为非遗的传承与发展添砖加瓦。

粤雅小丛书编委会

2023年7月